Contenido

contenido

Hamburguesa

La carne de las hamburguesas tiene muchos cortes en la superficie, por lo tanto es más fácil que se descomponga por acción de microorganismos que cualquier otra carne. Es necesario tener mucho cuidado a la hora de transportarla y almacenarla. Llévela a casa rápidamente y procure que sea de los últimos productos que se compren o colóquela en bolsas con cierre hermético.

Para congelar la carne, colocar 500 g / 1lb en cada bolsa para congelar. Presionar la bolsa para

sacar todo el aire y cerrar. Marcar cada bolsa con una etiqueta y ponerle la fecha, usar dentro de los siguientes dos meses. La carne en paquetes delgados se descongela más rápido que si se guarda en paquetes gruesos o en bola. Si no se va a usar todo el contenido del paquete, es más fácil cortar a la mitad un paquete delgado antes de descongelarlo. No volver a congelar la carne después de descongelarla.

Introducción

La carne molida de pollo es una combinación de carne blanca y oscura en partes iguales, lo cual le da suavidad y sabor.

Puede hacerse de pastel de carne de pollo, en croquetas, en tortas, en albóndigas de pollo, lasaña de pollo y pollo a la boloñesa. No tiene grasa y por ello es adecuado para la comida dietética, en donde la carne roja molida es muy grasosa.

Si vas a usar carne de pollo molida para hacer pastel de carne, croquetas y tortas, añade pan molido para aligerar la textura. Añade 1/2 taza de pan molido por cada 500 g / 1lb de carne molida. Puedes usar más si quieres aumentar la carne. Para aumentar la humedad añade un poco de aceite o agua, incorpora un huevo para unir la mezcla.

Se sazona con sal, pimienta, cebolla fresca recién picada y un poco de ajo. Para obtener más sabor se añade polvo de curry o frutas picadas.

Es importante mezclar bien y hacerlo con la mano es el mejor método. Para formar albóndigas o croquetas, moja tus manos antes para que la carne no se te pegue.

La carne de cerdo magra y molida no contiene grasa en un 85%, se obtiene del hombro o de los cuartos delanteros y antes de molerla, se le quita la grasa.

La carne de cerdo molida es la base para preparar patés y terrinas. Se usa para rellenar pies, tortas, pasteles de carne y albóndigas. Se compra en la carnicería o en el supermercado; es mejor cuando se consume fresca, a los pocos días de comprarla.

La carne de cordero fue la primera en ser parte del alimento del hombre y aún es de sus preferidas pues su textura es suave y tiene un delicioso sabor dulce.

La carne de cordero molida tiene un sabor agradable, es suave y no es seca. Es común que los cocineros mezclen un poco de carne de cordero molida a la carne de res para dar más sabor a los pasteles de carne y a las tortas.

Recetas de res

Hamburguesa

Pan e ingredientes sugeridos:
14 bollos
mantequilla suave para embarrar el pan
1 lechuga, deshojada, lavada y colada
1 racimo de arúgula lavada y colada
2 cebollas grandes, en rebanadas delgadas y cocidas en el hornillo
rebanadas de queso amarillo
1 botella de salsa catsup
1 jarra de salsa para condimentar

Hamburguesas:
1 kg / 2 lb de carne de res molida
1 cebolla grande, rallada
1/2 taza / 60 ml / 2 oz de pan molido, seco
1/2 cucharada de sal
1/4 de cucharada de pimienta
3 cucharadas de salsa barbecue
2 cucharadas de agua

1 Combinar todos los ingredientes para las hamburguesas, revolver con la mano para mezclar bien y que la textura sea más fina. Meter al refrigerador durante 20 minutos. Con las manos mojadas formar 14 hamburguesas de 8 cm / 3 in de diámetro.

2 Calentar la parilla, aceitar las barras, colocar las hamburguesas y cocer durante 5 ó 6 minutos de cada lado, barnizar con un poco de aceite mientras se cuecen.

3 Abrir los bollos y barnizar la parte interior con la mantequilla. Colocarlos del lado barnizado sobre la parrilla para que se tuesten y se doren.

Para armar: colocar una hoja de lechuga sobre una mitad del bollo, colocar encima la hamburguesa cocida, la catsup, las cebollas, la rebanada de queso, la hoja de arúgula y la salsa para condimentar. Tapar con la otra mitad del bollo.

Porciones 1

de lujo

Teri-hamburguesas rellenas

2 3/4 kg / 6 1/3 lb de carne de res, molida
1/3 de taza de salsa teriyaki
2 cucharadas de cebolla, picada
125 g / 4 oz de queso cheddar o suizo, cortado en 4 rebanadas

1 Mezclar bien la carne, la salsa teriyaki y las cebollas; formar 8 hamburguesas delgadas. Colocar una rebanada de queso sobre cada hamburguesa y otra hamburguesa encima del queso. Asegurar las orillas con un palillo. Colocar las hamburguesas sobre una parrilla de 10 a 13 centímetros (4 a 5 1/4 in) con carbón caliente. Cocer durante 4 minutos de cada lado, o hasta que estén listas.

Diferentes rellenos: sustituir las rebanadas de queso con rebanadas de 2 cm / 3/4 in de jitomate; rebanadas de jitomate de 2 cm / 3/4 in sobre una rebanada de queso.

Hamburguesas
jugosas de teriyaki

2 3/4 kg / 6 1/3 lb de carne de res, molida
2/3 de taza de cebollas de cambray, picadas
1/3 de taza de salsa teriyaki

1 Combinar la carne, las cebollas de cambray y la salsa teriyaki; formar 4 croquetas ovaladas. Colocar sobre una parrilla de 10 a 13 centímetros (4 a 5 in) sobre carbón caliente. Cocer durante 4 minutos de cada lado hasta que estén listas. Servir entre pan baguette.

Hamburguesas

- 450 g / 1 lb de carne de res, magra y molida
- 2 zanahorias, en tiras gruesas
- 75 g / 3 oz de champiñones, finamente picados
- 1 cebolla grande o 3 chalotes, finamente picados
- 50 g / 2 oz de pan integral, molido
- 2 cucharadas de puré de tomate
- 1 huevo mediano, ligeramente batido
- 1 diente de ajo, machacado
- 2 cucharaditas de comino
- 2 cucharaditas de cilantro
- 1 cucharadita de chile en polvo
- pimienta negra

1 Precalentar la parrilla a intensidad media. Colocar los ingredientes en un recipiente grande y mezclarlos bien.

2 Con la mezcla, formar con la mano 4 hamburguesas redondas. Cocer en la parrilla de 10 a 15 minutos hasta que estén cocidas al término deseado, voltearlas una vez.

Nota: estas saludables hamburguesas se convertirán en las favoritas de tu familia. Otra forma de servirlas es con panecillos de trigo y ensalada de lechuga con jitomate rebanado y salsa para condimentar.

Porciones 4

de res y zanahoria

Croquetas

600 g de carne de res, magra y molida

1 cebolla, picada

sazonadores al gusto

1 taza de pan molido, fresco

1 huevo, ligeramente batido

Chilli de frijoles:

1/2 de taza de frijoles

1 cucharada de chile en polvo

1/3 de taza de pan molido, extra

1/2 taza de salsa catsup

Curry:

1/2 taza de chutney de frutas*

2 cucharadas de polvo de curry

Albahaca y parmesano:

2 cucharadas de puré de tomate

1 cucharada de ajo, recién machacado

1 cucharada de hojas de albahaca, secas

2 cucharadas de queso parmesano

Sabor oriental:

1 cucharada de salsa de soya

1 cucharada de ajo, recién machacado

1 cucharada de jengibre, recién picado

1/2 cucharada de polvo de cinco especias*

Satay:

1 1/3 tasas de salsa satay*

* Véase página 47.

1 Combinar los ingredientes (usar los demás ingredientes listados para variar). Formar 8 croquetas gruesas y planas. Freír en la parrilla a intensidad media de 10 a 15 minutos, voltear ocasionalmente.

Croquetas

de ternera con crema de granos de pimienta

- 500 g / 1 lb de ternera, magra y molida
- 4 dientes de ajo, machacados
- 2 cucharadas de albahaca fresca, picada
- 1/2 taza de pan molido fresco
- 1/2 taza de queso parmesano, finamente rallado
- 1/2 de taza de cebollas cocktail, finamente picadas
- 2 cucharadas de mantequilla
- 1/2 taza de caldo de ternera o de pollo
- 1/2 taza de vino blanco
- 3/4 de crema, espesa
- 1 cucharada de hierbas frescas, picadas
- 1 cucharada de granos de pimienta verde, colados

1 Colocar la ternera en un recipiente grande, combinar con el ajo, la albahaca, el pan molido, el queso parmesano y las cebollas; mezclar bien y formar las croquetas.

2 Calentar mantequilla en un sartén grande de teflón y cocer las croquetas hasta que estén doradas y bien cocidas. Colocarlas en un plato caliente y apartar.

3 Quitar el exceso de grasa del sartén. Verter el caldo y el vino al sartén, hervir hasta que se consuma a la mitad. Incorporar la crema, hervir hasta que se consuma a un tercio; añadir las hierbas y los granos de pimienta. Servir la salsa sobre las tortas.

Porciones 4

Albóndigas

italianas en salsa de jitomate

1 rebanada gruesa de pan blanco, sin costras, cortada en pedazos
2 cucharadas de leche entera
450 g / 1 lb de carne de res, magra y molida
2 dientes de ajo, machacados
4 cucharadas de queso parmesano, rallado y un poco más para espolvorear
1 huevo mediano, ligeramente batido
3 cucharadas de albahaca fresca, picada y unas hojas para adornar
sal y pimienta negra
2 cucharadas de aceite de olivo

Para la salsa:

450 g / 1 lata de salsa para espagueti preparada con hierbas
200 ml / 7 oz de vino tinto, vino blanco seco o caldo de res
1 cucharadita de azúcar, o al gusto
50 g / 2 oz de aceitunas negras, deshuesadas
285 ml / 10 oz de caldo de res

1 Colocar el pan en un recipiente grande, verter la leche y dejar remojar durante 5 minutos. Añadir la carne de res, el ajo, el queso parmesano, la albahaca y sazonar; mezclar bien (con las manos). Formar albóndigas con la mezcla, hacer entre 20 y 24 bolas. Refrigerar durante 30 minutos.

2 Calentar el aceite en un sartén. Freír las albóndigas en dos tandas durante 5 minutos, voltear para que se frían uniformemente. Quitarlas del sartén y secarlas en toallas de papel.

3 Para hacer la salsa: quitar el aceite del sartén. Añadir la salsa para espagueti, el vino, el caldo, el azúcar y sazonar. Dejar que suelte el hervor y hervir a fuego lento durante 20 minutos, agregar las albóndigas y dejar que hiervan 10 minutos más, mover ocasionalmente. Sazonar al gusto, añadir las aceitunas y dejar calentar durante 1 minuto. Esparcir el queso parmesano y la albahaca justo antes de servir.

Nota: servir estas ricas albóndigas hervidas en salsa de jitomate y aceitunas, con queso parmesano y pasta.

Porciones 4

Hamburguesas

de ternera

2 tazas de pan blanco, sin costras y finamente picado
2 huevos, ligeramente batidos
2 cucharadas de crema
1 1/5 cucharadas de nuez moscada, molida
750 g / 1 1/2 lb de ternera, magra y molida
2 cucharadas de perejil, picado
harina para bañar
3 cucharadas de mantequilla para freír
1/4 de taza de salsa de arándano*

* Véase página 47.

1 Combinar el pan con el huevo, la crema y la nuez moscada, mezclar bien, dejar remojar durante 10 minutos. Incorporar la ternera y el perejil, cubrir y congelar durante 30 minutos. Formar 15 hamburguesas planas de forma irregular y bañar generosamente con el harina.

2 Calentar el harina en un sartén con teflón a fuego medio y freír las hamburguesas hasta que estén doradas por ambos lados y bien cocidas. Servir con la salsa de arándano o chutney.

Porciones 6

Pudín con carne molida

- 125 g / 4 oz de harina
- sal y pimienta negra
- 2 huevos medianos
- 300 ml / 1/2 pinta de leche entera
- 2 cucharadas de aceite vegetal
- 1 cebolla, picada
- 1 zanahoria, picada
- 100 g / 3 1/2 oz de champiñones, picados
- 350 g / 12 oz de carne de res, molida
- 220 g / 7 oz de jitomates picados
- 220 g / 7 oz de frijoles enlatados
- perejil fresco para adornar

1 Cernir el harina y una pizca de sal en un recipiente, hacer una fuente en el centro y verter los huevos en la fuente. Batir los huevos incorporando gradualmente el harina y añadiendo poco a poco la leche hasta que se forme una masa suave. Cubrir y dejar reposar durante 30 minutos.

2 Precalentar el horno a 220°C / 425°F. Calentar una cucharada de aceite en un sartén de base gruesa y cocer la cebolla y la zanahoria durante 5 minutos o hasta que se suavicen. Añadir los champiñones y cocer de 2 a 3 minutos, añadir la carne y cocer durante 5 minutos o hasta que se dore. Añadir los jitomates y cocer durante 15 minutos. Añadir los frijoles, cocer durante 5 minutos, sazonar y mantener caliente.

3 Dividir el aceite restante en 4 moldes de pudín, meterlos al horno durante 5 minutos o hasta que el aceite se caliente. Colocar la masa en los moldes y hornear de 20 a 25 minutos, hasta que levanten y estén crujientes. Colocar los pudines en los platos para servir, colocar la carne y adornar con perejil.

Porciones 4

Filete Wellington

1 pan baguette

30 g / 1 oz de mantequilla, derretida

250 g / 8 oz de paté de hígado

125 g / 4 oz de champiñones, rebanados

750 g / 1 1/2 lb de carne de res, molida

2 cucharadas de cebollín, cortados

2 cucharadas de granos de pimienta negra, machacados

2 huevos, ligeramente batidos

1/2 cubo de caldo de res

1 cucharada de puré tomate

Salsa de vino tinto y tomillo:

30 g / 1 oz de mantequilla

2 cucharadas de harina

1/2 taza / 125 ml / 4 oz de caldo de res

1/2 taza de vino tinto seco

pimienta negra recién molida

1 Cortar la base del pan y reservarla. Quitar el migajón al pan de la parte del centro, dejar una costra de 1cm / 1/2 in. Moler el migajón. Barnizar el interior del pan con la mantequilla, esparcir el paté y pegar en él las rebanadas de los champiñones.

2 Colocar 1 taza / 60 g / 2 oz del migajón molido (reservar el resto), la carne de res, el cebollín, los granos de pimienta, los huevos, el caldo en cubo y el puré de tomate en un recipiente y mezclar.

3 Colocar la mezcla de la carne en la costra del pan, presionándola contra las orillas. Colocar la base y envolver la hogaza con papel aluminio. Meter el pan al horno y hornear durante 1 1/2 hora o hasta que la mezcla de la carne esté cocida.

4 Para hacer la salsa: derretir la mantequilla en un sartén a fuego medio, agregar el harina y cocer, revolver durante 1 minuto. Retirar el sartén del fuego y añadir gradualmente el vino y el caldo. Regresar el sartén al fuego, revolver constantemente de 4 a 5 minutos o hasta que hierva y se espese. Sazonar con pimienta. Servir la salsa con el pastel de carne.

Nota: para hacer el pan molido colocar el migajón en un procesador de alimentos o pasarlo por un cernidor. El pan molido debe hacerse con pan duro; para esta receta utilizar una hogaza comprada uno o dos días antes y retirar el migajón, esparcirlo en una charola y dejarlo reposar de 2 a 3 horas para que endurezca antes de molerlo.

Temperatura del horno 180°C / 350°F

Porciones 8

Hamburguesas

		Mayonesa con alcaparras:
500 g / 1 lb de carne de res, molida	1 cucharada de eneldo fresco, picado	2 cucharadas de mayonesa
250 g / 8 oz de carne de salchicha	18 ostiones, de lata	1/2 taza / 125 ml / 4 oz de doble crema
4 cebollas de cambray, finamente picadas	3 tiras de tocino, cortados en mitades a lo largo, sin los bordes	2 cucharadas de alcaparras, picadas
2 dientes de ajo, machacados	2 cucharadas de vino tinto	1 cucharadas de ralladura fina de limón
2 cucharadas de ralladura fina de limón	2 cucharadas de aceite de olivo	1 pepinillo pequeño, finamente picado

1 Mezclar la carne de res, las cebollas de cambray, el ajo, la ralladura de limón y el eneldo en un recipiente. Formar 12 hamburguesas con la mezcla.

2 Sobre cada una de la mitad de las hamburguesas colocar 3 ostiones, taparlas con el resto de las hamburguesas y sellar las orillas. Enrollar cada hamburguesa con una tira de tocino, asegurar con palillos.

3 Verter el vino y el aceite en un recipiente y mezclarlo, colocar las hamburguesas y dejar marinar durante 10 minutos.

4 Colar las hamburguesas y cocer en una parrilla precalentada de 5 a 7 minutos de cada lado o hasta que estén cocidas.

5 Para hacer la mayonesa: mezclar las alcaparras, la mayonesa, la crema, la ralladura de limón y el pepinillo. Servir junto con las hamburguesas.

Nota: una variante más económica de este delicioso platillo es usar carne molida. En lugar de los ostiones usar pasas, chabacanos secos o rebanadas de queso.

Porciones 6

con mayonesa y alcaparras

Rollos

de espinaca con carne de res

- 600 g / 20 oz de carne de res, molida
- 8 hojas de espinaca
- 2 tiras de tocino sin grasa, picadas
- 1 cebolla, picada
- 2 cucharadas de ajo recién machacado
- 1 huevo
- 1/2 cucharadita de páprika, molida
- 440 g / 14 oz de puré de tomate
- 1 cubo de caldo de res
- 1 cucharada de mostaza
- 2 cucharadas de salsa inglesa
- 1 taza de arroz de grano largo
- 2 cucharadas de perejil, picado

1 Lavar las espinacas y colocarlas en un recipiente para microondas, cubrir con plástico para retener la humedad y cocer en HIGH (máxima potencia) durante 3 minutos. Apartar.

2 Cocer el tocino y la cebolla sin tapar durante 2 minutos en HIGH. Combinar la carne de res, el tocino, la cebolla, el ajo, el huevo y la páprika. Dividir en 8 porciones.

3 Colocar una porción sobre cada hoja de espinaca y enrollar. Acomodar los rollos sobre un plato plano con el extremo hacia abajo.

4 Mezclar el puré, el cubo de caldo de res, la mostaza y la salsa inglesa; verter sobre los rollos y cocer en HIGH durante 5 minutos, reducir la intensidad a MEDIUM (intensidad media) y cocer durante 5 minutos más. Voltear los rollos y cocerlos durante 15 minutos en MEDUIM. Hervir el arroz según las instrucciones del paquete. Colar y esparcir el perejil. Servir los rollos cubiertos de salsa y acompañados por el arroz.

Porciones 4

Recetas de cerdo

y pollo

Hamburguesas de cerdo

- 2 rebanadas de pan, sin costras
- 1/3 de taza de leche evaporada
- 500 g / 1 lb de carne de cerdo, de excelente calidad
- 1/2 - 1 cucharadita de sal
- pimienta negra recién molida, al gusto
- 1/2 cucharadita de mostaza
- 1/4 de taza de cebolla, rallada
- 1 huevo
- aceite vegetal

1 Cortar el pan en cuadritos y remojar en la leche evaporada durante 10 minutos, revolver con un tenedor. En un recipiente mezclar la carne de cerdo, el pan, sal y pimienta, la mostaza y la cebolla. Añadir el huevo batiéndolo con un tenedor.

2 Con las manos mojadas, formar 8 tortas del mismo tamaño. Calentar un sartén de teflón y base gruesa, embarrar un poco de aceite en la base del sartén, colocar las hamburguesas (es preferible dividirlas en dos tandas) y cocinar a fuego moderado durante 3 ó 4 minutos de cada lado. Otra opción es cocerlas en una parrilla previamente barnizada con aceite. Deben quedar doradas por fuera y no secas por dentro.

3 Colocar cada hamburguesa sobre una hoja de lechuga y acompañar con ensalada de cebolla cruda, aros de cebolla, pepinillos agrios, chutney, salsa de jitomate, etc.

4 Servir entre bollos suaves o con pan crujiente.

Nota: la carne de cerdo no contiene grasa en un 85%, es excelente para formar albóndigas y hamburguesas *deliciosas. Esta misma receta puede hacerse en albóndigas pequeñas fritas y servidas con salsa de jitomate o ciruela.*

Porciones 4

Rollos

de pollo al curry

- 2 cucharadas de aceite de cánola
- 1 cebolla mediana, finamente picada
- 1 diente pequeño de ajo machacado
- 2 cucharadas de salsa de curry
- 1 1/2 cucharadas de pasta de curry
- 1 1/2 cucharada de jugo de limón
- 500 g / 1 lb de pollo molido
- 3 cucharadas de pan molido, seco
- 1/2 cucharada de sal
- 1/2 cucharada de pimienta
- 2 cucharadas de cilantro fresco, picado
- 2 hojas de pasta
- 1 cucharada de leche para barnizar
- 1 cucharada semillas de ajonjolí

1 Calentar el aceite en un sartén pequeño junto con la cebolla, el ajo y freír hasta que la cebolla esté suave. Agregar la pasta de curry y cocer un poco; añadir el jugo de limón y revolver bien. Apartar. Mezclar el pollo molido, el pan molido, la sal, la pimienta, el cilantro y añadir la mezcla de cebolla y curry. Mezclar bien.

2 Colocar una hoja de pasta sobre una mesa de trabajo y cortar a la mitad pasando por el centro. Acomodar 1/4 de la mezcla de pollo en una línea de 1 1/2 cm / 1/2 in de ancho a lo largo de la masa. Barnizar con agua un extremo inferior de la masa y comenzar a enrollarla a partir del otro extremo, presionar ligeramente para que selle. Cortar el rollo en 4 ó 5 porciones iguales, repetir con la masa restante. Barnizar con la leche y esparcir las semillas de ajonjolí. Colocar en una charola para hornear.

3 Cocer en el horno precalentado a 220°C / 440°F durante 10 minutos, reducir la temperatura a 180°C / 350°F y hornear durante 15 minutos hasta que dore. Servir caliente.

Nota: puede prepararse antes y hornearse en un horno de temperatura media

Rollos de 16 a 20 Porciones 4

Hamburguesas

de cerdo con hierbas y salsa de berenjena

- 500 g / 1 lb de carne de cerdo, magra y molida
- 1/4 de taza de cebollas de cambray, finamente picadas
- 2 dientes de ajo, machacados
- 2 cucharadas de cilantro fresco, picado
- 1/3 de taza de pan molido fresco
- 1 huevo, ligeramente batido
- 2 cucharadas de aceite de cacahuate
- 2 tazas de berenjena, pelada y rebanada (cocer al vapor hasta que esté suave)
- 2 cucharadas de comino, molido
- 1/4 de cucharadita de sal
- 1/4 de cucharadita de pimienta negra
- 1/4 de crema

1 En un recipiente mediano mezclar bien el cerdo, las cebollas de cambray, el ajo, el cilantro, el pan molido y el huevo. Formar hamburguesas de 4 cm / 1 1/2 in de diámetro y de 1 1/2 cm / 5/8 in de grueso.

2 Calentar aceite en un sartén de base gruesa y teflón a fuego moderado, freír las hamburguesas durante 2 minutos de cada lado hasta que estén bien cocidas, secar en toallas de papel y mantenerlas calientes en el horno a temperatura baja.

3 Licuar la berenjena con el comino, la sal y la pimienta hasta que forme un puré suave, verter en un sartén pequeño, añadir la crema, calentar a fuego lento hasta que se caliente, no dejar que hierva, servir sobre las hamburguesas.

Porciones 4

Hamburguesas

pattie casserole

- 500 g / 1 lb de carne de cerdo, magra y molida
- 1 huevo
- 3/4 de taza / 45 g / 1 1/2 oz de pan molido, hecho de pan duro
- 250 g / 8 oz de queso cheddar, rallado
- aceite vegetal
- 1 cebolla, finamente picada
- 1 chile rojo, finamente picado
- 2 dientes de ajo, machacados
- 440 g / 14 oz de jitomates machacados
- 1/2 taza / 125 ml / 4 oz de salsa catsup
- 1 1/2 cucharadas de puré de tomate

Cubierta de hash brown:

- 2 papas grandes
- 2 huevos, ligeramente batidos
- 155 g / 5 oz de fritura de papas (tipo botana), machacadas

1 Mezclar en un recipiente la carne de cerdo, los huevos, el pan molido y la mitad del queso. Formar 8 hamburguesas.

2 Calentar 2 cucharadas de aceite en un sartén de teflón a fuego medio, freír las hamburguesas de 3 a 4 minutos de cada lado o hasta que se doren. Colocarlas sobre un recipiente para horno y apartar.

3 Calentar 1 cucharada de aceite en un sartén a fuego medio, añadir la cebolla, el chile y el ajo, cocer revolviendo de 3 a 4 minutos o hasta que la cebolla esté suave. Incorporar los jitomates, la salsa catsup y el puré de tomate y dejar que suelte el hervor. Reducir la flama y dejar calentar durante 5 minutos. Verter la salsa sobre las hamburguesas.

4 Para hacer la cubierta: hervir al vapor o cocer las papas en el microondas hasta que estén un poco suaves. Quitar el agua y enfriarlas bajo el chorro de agua fría. Pelar las papas y rallarlas en tiras gruesas. En un recipiente mezclar las papas, los huevos y las frituras.

5 Calentar 2 cucharadas de aceite en un sartén grande a fuego medio y cocer cucharadas de la mezcla de las papas de 3 a 4 minutos de cada lado o hasta que esté dorada. Retirar del sartén, secar en toallas de papel y colocarlas sobre las hamburguesas, esparcir encima el queso restante y hornear durante 40 minutos.

Temperatura del horno 200°C / 400°F

Porciones 4

Rollos de cerdo con manzana y col

1 En un sartén, calentar el aceite a fuego medio, añadir el aceite y el tocino y revolver de 3 a 4 minutos hasta que la cebolla esté suave. Agregar la manzana y las semillas de alcaravea, cocer durante 2 minutos más. Retirar el sartén del fuego y dejar enfriar.

2 En un tazón mezclar la carne de cerdo, el arroz, la pimienta negra al gusto y la mezcla de la cebolla; combinar bien.

3 Hervir o cocer las coles al vapor o en el horno de microondas hasta que estén suaves; enfriarlas bajo el chorro de agua fría, secar con toallas de papel; retirar los tallos.

4 Repartir la mezcla de la carne entre las hojas de col y enrollarlas, meter las orillas; sujetar con palillos de madera.

5 Derretir 30 g / 1 oz de la mantequilla en un sartén; colocar los rollos y cocerlos volteando varias veces hasta que tomen un color café ligero; colocarlos en un recipiente hondo para horno.

6 Derretir el resto de la mantequilla en un sartén a fuego medio; añadir la páprika y el harina, cocer durante 2 minutos; agregar el puré de tomate, el vino y el caldo de pollo; dejar que suelte el hervor; reducir la flama y calentar durante 5 minutos sin dejar de revolver. Retirar el sartén de fuego e incoporar la crema; verter la salsa sobre los rollos, tapar y hornear durante 1 hora.

Nota: también se puede usar carne de cordero molida en lugar de cerdo; o usar hojas de espinacas para sustituir la col. La temperatura del horno es de 180°C / 350°F.

Rinde 4

- 2 cucharadas de aceite vegetal
- 1 cebolla, finamente rallada
- 2 tiras de tocino, picadas
- 1 manzana verde, pelada, descorazonada y rallada
- 1 cucharadita de semillas de alcaravea*
- 510 g / 16 oz de carne de cerdo, magra y molida
- 125 g / 4 1/2 oz de arroz integral, cocido
- 1 huevo, ligeramente batido
- pimienta negra recién molida
- 8 hojas de col, grandes
- 55 g / 2 oz de mantequilla
- 1 1/2 cucharadas de páprika
- 1 1/2 cucharadas de harina
- 1 cucharada de puré de tomate
- 1/2 taza 125 ml / 4 1/2 oz de vino tinto
- 1 1/2 taza 370 ml / 13 oz de caldo de pollo
- 1/2 taza 125 g / 4 1/2 oz de crema agria

* Véase página 47.

Albóndigas de cerdo y chabacano

4 de taza / 120 g / 4 oz de abacanos secos

cucharadas de brandy

)0 g / 1 lb de carne de cerdo

cebolla mediana, finamente :ada

rebanada de pan blanco, sin ıstras y remojado en 1/4 de za / 60 ml / 2 oz de agua

2 cucharada de canela, olida

a pizca de nuez moscada, olida

cucharadita de sal

2 cucharadita de pimienta

huevo

eite para freír

lsa de chabacano:

2 taza / 95 g / 3 oz de abacanos secos, en adritos

taza / 250 ml / 8 oz de agua

cucharadas de azúcar

cucharadas de vinagre lsámico

cucharada de salsa teriyaki

cucharada de jugo de ıgibre

1 Remojar los chabacanos en el brandy durante 1 hora.

2 En un recipiente grande mezclar la carne molida con el resto de los ingredientes excepto el aceite. Revolver con la mano durante 2 minutos para mezclar bien los ingredientes y obtener una textura fina. Cubrir y refrigerar durante 1 hora para que se mezclen los sabores.

3 Tomar una cucharada de la mezcla y formar una albóndiga con la mano. Aplanar ligeramente y presionar ligeramente el centro con el dedo pulgar para formar un hueco sin perforar totalmente. Colocar 1/4 de cucharada de chabacanos remojados en el hueco y formar una pelota cubriendo la mezcla de chabacanos, hacer lo mismo con el resto de la mezcla. Cubrir con plástico y refrigerar durante 30 minutos (o más) antes de freír.

4 Calentar 1 cm de aceite en un sartén grande de base gruesa o en un sartén eléctrico a 180°C / 350°F. Freír las albóndigas en 2 ó 3 tandas, voltearlas para que doren parejo y mantengan su forma. Secar sobre toallas de papel. Colocar las albóndigas sobre un plato con la salsa en el centro para remojarlas y palillos para tomarlas.

***Salsa de chabacano**: en un sartén colocar los chabacanos secos, agua y el resto del brandy; hervir, reducir la flama y calentar 15 minutos hasta que estén muy suaves. Incorporar el azúcar, el vinagre y la salsa teriyaki; calentar 2 minutos. Licuar hasta formar un puré o cernir la mezcla. Añadir el jugo de jengibre, servir con las albóndigas de chabacano.*

Rinde de 20 a 25

Pollo a la parrilla con

- 500 g / 1 lb de carne de pollo, molida
- 1/2 taza / 60 g / 2 oz de pan molido, seco
- 1 cebolla mediana, picada
- 1/2 cucharadita de sal
- 1/2 cucharadita de pimienta
- 2 cucharadas de jugo de limón
- 2 cucharadas de perejil, picado
- 1/2 taza / 30 g / 1 oz de champiñones, picados
- aceite vegetal

1 Colocar el pollo en un recipiente grande y añadir el resto de los ingredientes excepto el aceite y mezclarlos con la mano para obtener una textura suave. Con las manos mojadas formar 4 ó 5 hamburguesas planas.

2 Calentar la parrilla a intensidad media. Barnizar las barras con un poco de aceite vegetal y cocer las hamburguesas durante 8 minutos de cada lado hasta que estén bien cocidas; picar las hamburguesas con un palillo y si sale jugo significa que están cocidas. Servirlas calientes con guarnición de verduras o con salsa barbecue.

Nota: para preparar más rápido picar la cebolla, el perejil y los champiñones en un procesador de alimentos.

Puede usarse una parrilla eléctrica o de gas.

hamburguesas de champiñones

Cerdo a la húngara

- 1/2 col grande, deshojada
- 1 cucharada de aceite vegetal
- 1 cebolla, picada
- 2 dientes de ajo, machacados
- 500 g / 1 lb de carne de cerdo, magra y molida
- 1/3 de taza / 75 g / 2 1/2 oz de arroz de grano corto, cocido
- 3/4 de taza / 45 g / 1 1/2 oz de pan molido, hecho de pan duro
- 1/2 taza / 125 ml / 4 oz de leche
- 1/2 cucharadita de mejorana, seca
- 1/4 de semillas de carvi (alcaravea)*
- 1 cucharada de páprika, molida

* Véase página 47.

- 2 huevos, ligeramente batidos
- pimienta negra recién molida
- 4 tiras de tocino, sin las orillas

Salsa de crema:

- 30 g / 1 oz de mantequilla
- 1 cucharada de harina
- 1/2 taza / 125 g / 4 oz de crema agria

1 Hervir las hojas de col o cocerlas en el microondas hasta que estén suaves. Quitar el agua y enfriarlas bajo el chorro de agua fría. Con las hojas de col forrar un recipiente para horno. Apartar las hojas restantes.

2 Calentar aceite en un sartén junto con la cebolla y el ajo y cocer hasta que la cebolla esté suave. Dejar enfriar. Mezclar la carne de cerdo, el arroz, el pan molido, la leche, la mejorana, las semillas de carvi, la páprika, los huevos, la pimienta al gusto y la mezcla de cebolla.

3 Colocar la mitad de la mezcla de cebolla en el recipiente forrado con las hojas de col, agregar otra cama de col y el resto de la mezcla. Acomodar el tocino en la parte superior, tapar y hornear durante 1 hora o hasta que esté cocido. Quitar el jugo que haya soltado y reservarlo.

4 Para hacer la salsa: derretir la mantequilla en un sartén a fuego lento, añadir el harina y cocer revolviendo durante 2 a 3 minutos. Retirar el sartén del fuego y añadir el caldo y el jugo. Colocar el sartén al fuego y cocer revolviendo constantemente de 3 a 4 minutos o hasta que la salsa hierva y espese. Retirar el sartén del fuego, añadir la crema y la pimienta negra al gusto. Para servir voltear sobre un plato, cortar en trozos y acompañar con la salsa.

Porciones 4

Brochetas

de res al curry

- 500 g / 1 lb de carne de cordero, magra y molida
- 3/4 de coco, deshidratado
- 1 cucharada de puré de tomate
- 2 dientes de ajo, machacados
- 2 cucharaditas de cilantro, seco
- 2 cucharaditas de comino, molido
- 1/4 de crema de coco
- 2 cucharaditas de polvo de curry
- 2 dientes de ajo, machacados (extra)
- 2 jitomates pequeños, picados en cuadritos muy pequeños
- 1 cucharada de cilantro, picado
- 3/4 de taza de yogurt natural sin grasa

1 En un recipiente mezclar bien la carne molida, el coco, los huevos, el puré de tomate, el ajo, el cilantro, el comino, la crema de coco y el polvo de curry.

Formar salchichas con la mezcla, clavarlas en los palillos y cocer a fuego medio hasta que esté bien cocida, voltear frecuentemente.

2 Combinar el ajo, los jitomates, el cilantro y el yogurt en un recipiente pequeño, servir junto con las brochetas.

Porciones 4

Albóndigas

de cerdo con cebolla

Para la cebolla:

2 cucharaditas de aceite vegetal

1 cebolla morada pequeña, en rebanadas delgadas

1 cucharadita de azúcar morena

Para las albóndigas:

125 g / 4 oz de carne de cerdo, magra y molida

50 g / 2 oz de tocino, sin las orillas y finamente picado

1 cucharada de aceite vegetal

Para la salsa de jitomate:

220 g / 7 oz de jitomates picados

1 pizca de orégano, seco

1 cucharadita de puré de jitomates deshidratados

pimienta negra

1 Para la salsa: colocar los jitomates, el orégano, el puré y la pimienta en un sartén y cocer ligeramente durante 20 minutos o hasta que la salsa espese, revolver de vez en cuando.

2 Para las cebollas: calentar el aceite en un sartén de base gruesa, añadir la cebolla y cocer a fuego lento durante 10 minutos o hasta que esté suave, revolver ocasionalmente. Añadir el azúcar y cocer revolviendo a fuego lento de 2 a 3 minutos, hasta que esté dorada y pegajosa. Sacarlas del sartén y apartar.

3 Para las albóndigas: en un recipiente mezclar la carne de cerdo y el tocino, con la mano formar albóndigas del tamaño de una nuez. Calentar el aceite en un sartén y cocerlas durante 15 minutos, volteándolas ocasionalmente hasta que estén cocidas y doradas. Añadir la salsa de jitomate y dejar calentar durante 5 minutos. Servir en platos y colocar la cebolla encima.

Nota: este delicioso platillo puede servirse con arroz para que absorba la salsa de tomate.

Porciones 2

Carne de cerdo y camote con nuez

30 g / 1oz de mantequilla

1/4 de taza / 60 ml / 2 oz de jugo de naranja

1 cucharada de miel

1 cucharada de azúcar morena

1 cucharadita de jengibre, finamente rallado

2 camotes, cocidos y rebanados

1 cucharada de aceite vegetal

1 diente de ajo, machacado

1 cucharadita de canela, molida

250 g / 8 oz de carne de cerdo, magra y molida

1/4 de taza / 60 ml / 2 oz de puré de tomate

1 cucharada de vino tinto u oporto

Para la nuez:

1 taza / 60 g / 2 oz de pan integral molido, hecho de pan duro

1/2 taza / 45 g / 1 1/2 oz de avena

1/4 de taza / 90g / 3 oz de azúcar morena

1 cucharadita de canela, molida

60 g / 2 oz de mantequilla

60 g / 2 oz de nueces, picadas

1 Derretir la mantequilla en un sartén a temperatura media, añadir el jugo de naranja, la miel, el azúcar morena y el jengibre; cocer de 2 a 3 minutos o hasta que adquiera consistencia de miel. Agregar los camotes y bañarlos con la mezcla. Apartar.

2 Calentar el aceite en un sartén a fuego medio, cocer el ajo y la canela durante 1 minuto; agregar la carne de cerdo y cocer revolviendo durante 5 minutos. Añadir el puré de tomate y el oporto o vino, dejar que suelte el hervor y reducir la flama y cocer durante 8 minutos o hasta que se evapore casi todo el líquido. Colocar la mitad de los camotes en un molde engrasado para horno, añadir la mezcla de la carne y cubrir con el resto de los camotes.

3 Para las nueces: en un recipiente combinar el pan molido, la avena, el azúcar morena y la canela. Agregar con los dedos la mantequilla y después la nuez. Rociar sobre la mezcla de carne y hornear durante 40 minutos.

Nota: una variante es usar calabaza en lugar de camote. Se necesitan 750 g -1 k / 1 1/2 -2 lb de calabaza.

Temperatura del horno 180°C / 350°F

Recetas de cordero

Brochetas
de cordero a la griega

- 350 g / 11 oz de carne de cordero, molida
- 1 taza de pan molido, fresco
- 1 diente de ajo, machacado
- 2 cucharadas de cebolla, rallada
- 1 cucharadita de comino, molido
- 1 cucharada de perejil, finamente picado
- 1 cucharada de menta, finamente picada
- 1 cucharadita de orégano, picado
- 1 limón, finamente rallado
- sal y pimienta recién molida
- 1 huevo
- 20 ml / 2/3 oz de aceite de olivo
- 8 brochetas (remojadas en agua durante 30 minutos)

1 En un recipiente grande mezclar todos los ingredientes hasta que la mezcla esté suave.

2 Formar rollos del tamaño de una salchicha y encajarlos en las brochetas. Colocarlas en una charola y refrigerarlas toda la noche.

3 Calentar un poco más de aceite en un sartén y cocer las brochetas de 5 a 6 minutos, voltear frecuentemente.

Servir con salsa tzatziki*

Rinde 8 brochetas

* Véase página 47.

Rollos de cordero

1 Calentar el aceite y la cebolla en un sartén a fuego medio, cocer de 2 a 3 minutos o hasta que se suavice.

2 Añadir el cordero, el puré de tomate, la miel, la canela, la pimienta, la menta, el jugo y la ralladura de limón; cocer revolviendo durante 5 minutos o hasta que la carne esté dorada. Retirar el sartén del fuego y dejar enfriar. Añadir los piñones.

3 Barnizar 4 hojas de pasta con mantequilla derretida. Cortar cada hoja a la mitad, a lo ancho, y cada mitad en cuartos. Colocar una cucharada de la mezcla de carne en una orilla de cada trozo de hoja y enrollar metiendo las orillas para formar un rollo delgado. Repetir con el resto de la pasta.

4 Colocar los rollos en una charola para hornear, barnizar con mantequilla y hornear de 10 a 15 minutos o hasta que la pasta esté dorada y el relleno cocido.

Nota: los ingredientes pueden mezclarse en un recipiente si no se cuenta con un procesador de alimentos, la textura no resulta tan fina, pero el sabor es igual. Usar carne molida más fina si se desea una textura más fina.

Temperatura de horno 220°C / 425°F

Porciones 4

1 cucharada de aceite de olivo
1 cebolla, finamente picada
315 g / 10 oz de carne de cordero, magra y molida
1 cucharada de puré de tomate
2 cucharaditas de miel
1/4 de cucharadita de canela, molida
1/2 cucharadita de pimienta de Jamaica
2 cucharaditas de menta fresca, picada
2 cucharaditas de jugo de limón
1/2 cucharada de ralladura de limón
1 cucharada de piñones
16 hojas de pasta fila
125 g / 4 oz de mantequilla, derretida

Hamburguesas de cordero

500 g / 1 lb de carne de cordero, magra y molida

1/4 de taza de pan molido, fresco

1/4 de cucharadita de pimienta de cayena

2 cucharadas de chutney dulce de frutas* (se puede comprar embotellado)

1 cucharada de perejil, picado

1 cucharada de cebollín, picado

4 bollos para hamburguesa

2 calabazas zucchini, ralladas con pelapapas

1 zanahoria, rallada con pelapapas

1/2 taza de perejil, picado

Salsa de crema:

1/4 de taza de queso crema, suave

2 cucharadas de mostaza dijon

2 cucharadas de crema espesa

2 cucharaditas de jugo de limón

1/4 de cucharadita de pimienta negra, molida

1 En un recipiente mediano combinar la carne, el pan molido, la pimienta, el chutney, el perejil y el cebollín; formar 4 hamburguesas y cocerlas en un sartén ligeramente engrasado a fuego medio, voltear hasta que estén bien cocidas

2 Tostar los bollos por la parte interior, colocar las hamburguesas sobre la parte inferior de cada uno, colocar las calabazas, la zanahoria, el perejil y por último añadir la crema de mostaza.

3 Para hacer la crema: licuar el queso crema con la mostaza hasta que se incorpore; añadir la crema, el jugo de limón y la pimienta, mezclar bien.

Porciones 4

* Véase página 47.

Pastel de cordero y riñones

1 Remojar los riñones en un recipiente con agua salada durante 10 minutos. Colar y secar con toallas de papel. Cortar en rebanadas, eliminar el centro, apartar.

2 Colocar las hojas en la base de un recipiente para horno de 11 x 21 cm / 4 1/2 x 8 1/2 in y forrar las orillas con las tiras de tocino.

3 Derretir la mantequilla en un sartén a fuego medio, añadir la cebolla y cocer de 2 a 3 minutos o hasta que se suavice. Añadir los riñones y cocer de 2 a 3 minutos o hasta que apenas cambien de color. Agregar el brandy, el tomillo y los granos de pimienta verde, cocer revolviendo durante 5 minutos o hasta que el brandy se consuma a la mitad. Retirar del fuego y dejar enfriar.

4 Mezclar en un recipiente el cordero, el pan molido, el cubo de caldo de pollo, el puré de tomate, el huevo y la mezcla de los riñones. Colocar la mezcla de cordero en el recipiente con las hojas, poner en la parte superior las tiras de tocino restantes y cubrir con una hoja de papel aluminio. Colocar el recipiente en un plato para horno con agua hirviendo (baño María) y cocer durante 45 minutos. Quitar la cubierta de aluminio, retirar el jugo y cocer durante 45 minutos más o hasta que el pastel de carne esté cocido.

5 Para hacer la salsa: cocer revolviendo el azúcar y la mantequilla en un sartén a fuego medio de 3 a 4 minutos o hasta que se disuelva el azúcar; añadir el brandy, el caldo de pollo y los granos de pimienta, dejar que suelte el hervor y dejar calentar durante 5 minutos o hasta que la salsa se consuma y se espese. Agregar la crema, dejar que suelte el hervor y calentar de 2 a 3 minutos más. Servir con el pastel de carne.

Nota: el pastel de carne rinde muchas porciones, puede servirse frío o caliente. Para servirlo frío, prepararlo el día anterior y meterlo al refrigerador toda la noche, cortarlo en rebanadas antes de servirlo y colocarlo en los platos sobre una cama de lechuga. Acompañar con ensaladas, mostazas, chutney o aderezos y pan crujiente.

Temperatura del horno 180°C / 350°F

3 riñones de cordero, sin grasa

3 hojas de laurel

6 tiras de tocino, sin las orillas

30 g / 1 oz de mantequilla

1 cebolla, bien picada

1/4 de taza / 60 ml / 2 oz de brandy

1 cucharada de tomillo fresco, picado o tomillo seco

1 cucharada de granos de pimienta en salmuera, colados

750 g / 1 1/2 lb de carne de cordero, magra y molida

3/4 de taza / 45 g / 1 1/2 oz de pan molido, hecho de pan duro

1/2 cubo de caldo de pollo

1 cucharada de puré de tomate

1 huevo, ligeramente batido

Salsa de granos de pimienta verde

2 cucharadas de azúcar morena

30 g / 1 oz de mantequilla

1/4 de taza / 60 ml / 2 oz de vino tinto

2 cucharadas de brandy

1 taza / 250 ml / 8 oz de caldo de pollo

2 cucharaditas de granos de pimienta verde en salmuera, colados

1/2 taza / 125 ml / 4 oz de doble crema

Pesos y medidas

Para convertir

Métrico	Imperial
5mm	1/4 in
1cm	1/2 in
2cm	3/4 in
2 1/2cm	1 in
5cm	2 in
10 1/2cm	4 in
15cm	6 in
20cm	8 in
23cm	9 in
25cm	10 in
30cm	12 in

temperatura del horno

°C	°F
120	250
140	275
150	300
160	326
180	350
190	375
200	400
220	425
240	475
250	500

Líquidos métricos:

Métrico	Imperial	Tazas
30ml	1 oz	
60ml	2 oz	1/4 taza
90ml	3 oz	
125ml	4 oz	1/2 taza
155ml	5 oz	
170ml	5 1/2 oz	2/3 taza
185ml	6 oz	
220ml	7 oz	
250ml	8 oz	1 taza
500ml	16 oz	2 tazas
600ml	20 oz(1pinta)	
750ml	1 1/4 pinta	
1L	1 3/4 pinta	4 tazas
1 1/5 L	2 pintas	

métrico, tazas y cucharadas

Métrico	Tazas	Imperial
60ml	1/4 de taza	2 oz
80ml	1/3 de taza	2 1/2 oz
125ml	1/2 taza	4 oz
250ml	1taza	8 oz

Métrico	Cucharadas
1 1/4ml	1/4 de cucharadita
2 1/2ml	1/2 cucharadita
5ml	1 cucharadita
20ml	1 cucharada

Para medir ingredientes sec

Métrico	Imperia
15g	1/4oz
30g	1oz
60g	2oz
90g	3oz
125g	4oz
155g	5oz
185g	6oz
220g	7oz
250g	8oz
280g	9oz
315g	10oz
410g	13oz
440g	14oz
470g	15oz
500g	16oz (1l
750g	1lb 8oz
1 kg	2lb
1 1/2 kg	3lb

"Notas del chef"

lcaravea: estas semillas se caracterizan por l sabor acre y picante, más intenso que el neldo, pero menos fuerte que el comino. n la India se utiliza para acompañar el arroz, s curries y las lentejas. En Europa Oriental Alemania adereza embutidos, pescados, el hucrut, ensaladas, se utiliza en repostería y n compotas. En la cocina árabe es utilizada ara aromatizar brochettes, cordero asado, ensaladas. El aroma de esta semilla se icrementa en platos de cocimiento lento.

hutney dulce de frutas:

- peras de carne firme, sin corazón y cortadas n rodajas
- manzanas, sin corazón y picadas
- melocotones, sin piel, sin hueso y en odajas ó 425 gr. de melocotón de lata scurrido
- 50 gr. de ciruelas, partidas por la mitad sin hueso
- rodajas de piña de lata, en dados
- 00 gr. de dátiles, sin hueso y picados
- 25 gr. de ciruelas secas, en remojo desde noche anterior
- kg. de azúcar morena
- cc. de sal
- .5 cm de raíz de jengibre fresco, pelado cortado en rodajas
- 00 gr. de almendras blanqueadas, picadas
- 00 gr. de anacardos, picados
- cucharadas soperas de vinagre de cerveza de manzana de preferencia)
- clavos de olor triturados
- cucharada de café de guindilla
- cm de palito de canela
- plátanos, pelados y en dados o rodajas

Ponga toda la fruta (excepto los plátanos) en una cacerola con azúcar, sal y jengibre. Tape y cueza durante 15-20 min. Añada los frutos secos, el vinagre, los clavos, la guindilla y el palito de canela. Remueva bien y cueza 6-8 min. Deje que se vaya haciendo a fuego lento hasta que casi todo el líquido se haya evaporado. Removiendo de vez en cuando. El chutney debería resultar espeso y pegajos. Añada los dados de plátano y ponga al fuego durante 1 min. Enfríe ligeramente y pase a tarros de vidrio limpios y calientes, cerrándolos herméticamente.

Salsa de arándano:

- Para 1 taza
- 1 1/2 tazas de arándanos (Blueberries)
- 1/4 taza de azúcar
- 1/2 cucharadita de canela
- 1/4 cucharadita de nuez moscada

Ponga todos los ingredientes en una olla. Haga hervir y cocine a fuego lento por 5 minutos

Salsa satay: es originaria del sudeste de Asia, y su principal ingrediente es el maní. También lleva ajo, jengibre y otras especies, entre ellas las del curry; puede ser dulzona, picante o una combinación de ambas. Se vende embotellada.

Salsa Tzatziki: salsa griega hecha de yogurt natural, pepino molido o picado, ajo machacado, aceite de olivo, vinagre y menta. Se adquiere en tiendas gourmet o de alimentos griegos.

5 especias: consiste en partes iguales de canela, clavo, semillas de hinojo, anís y pimientas de szechuan. Se adquiere en tiendas de comida asiática o en gourmets.

Índice